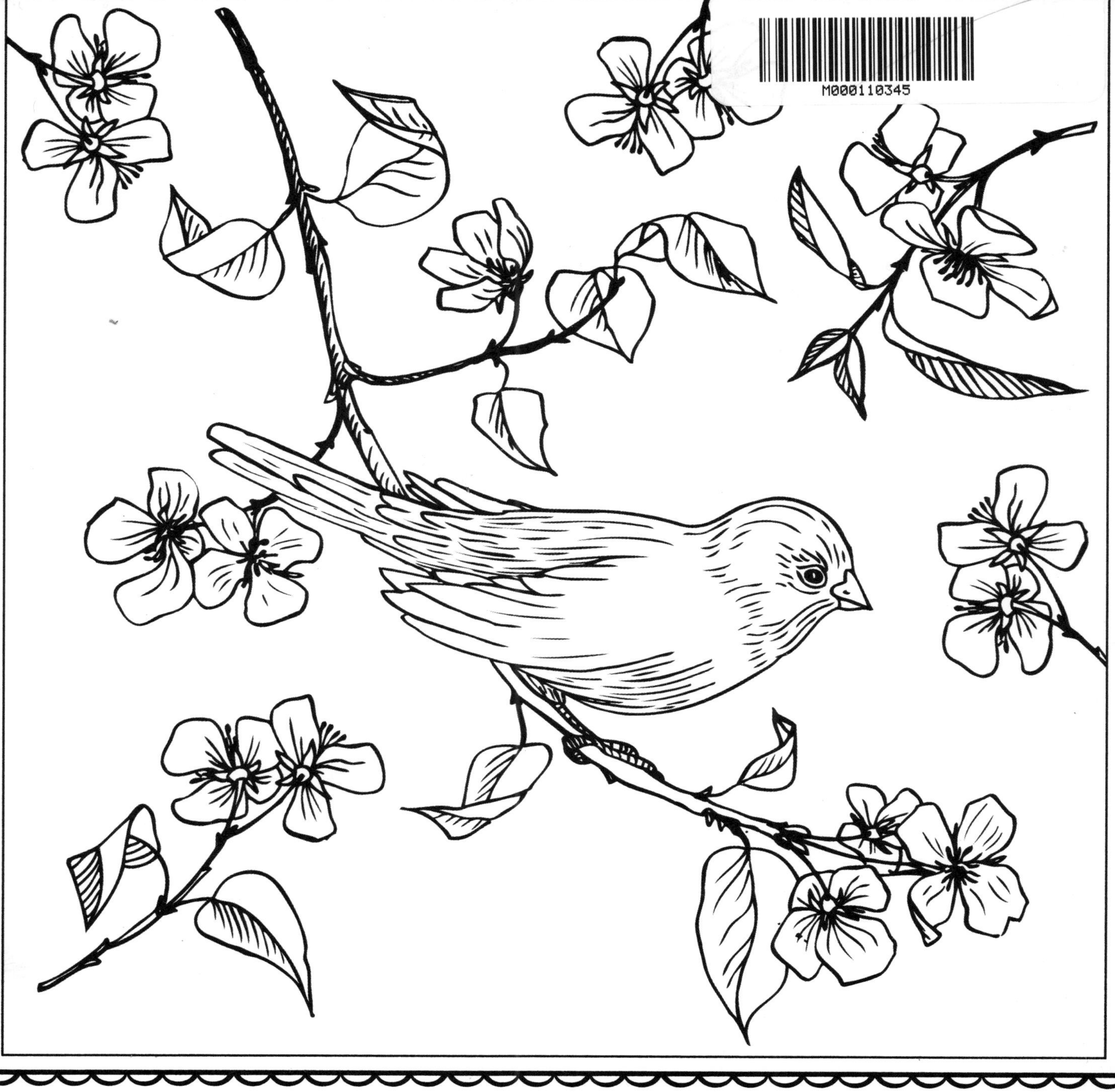

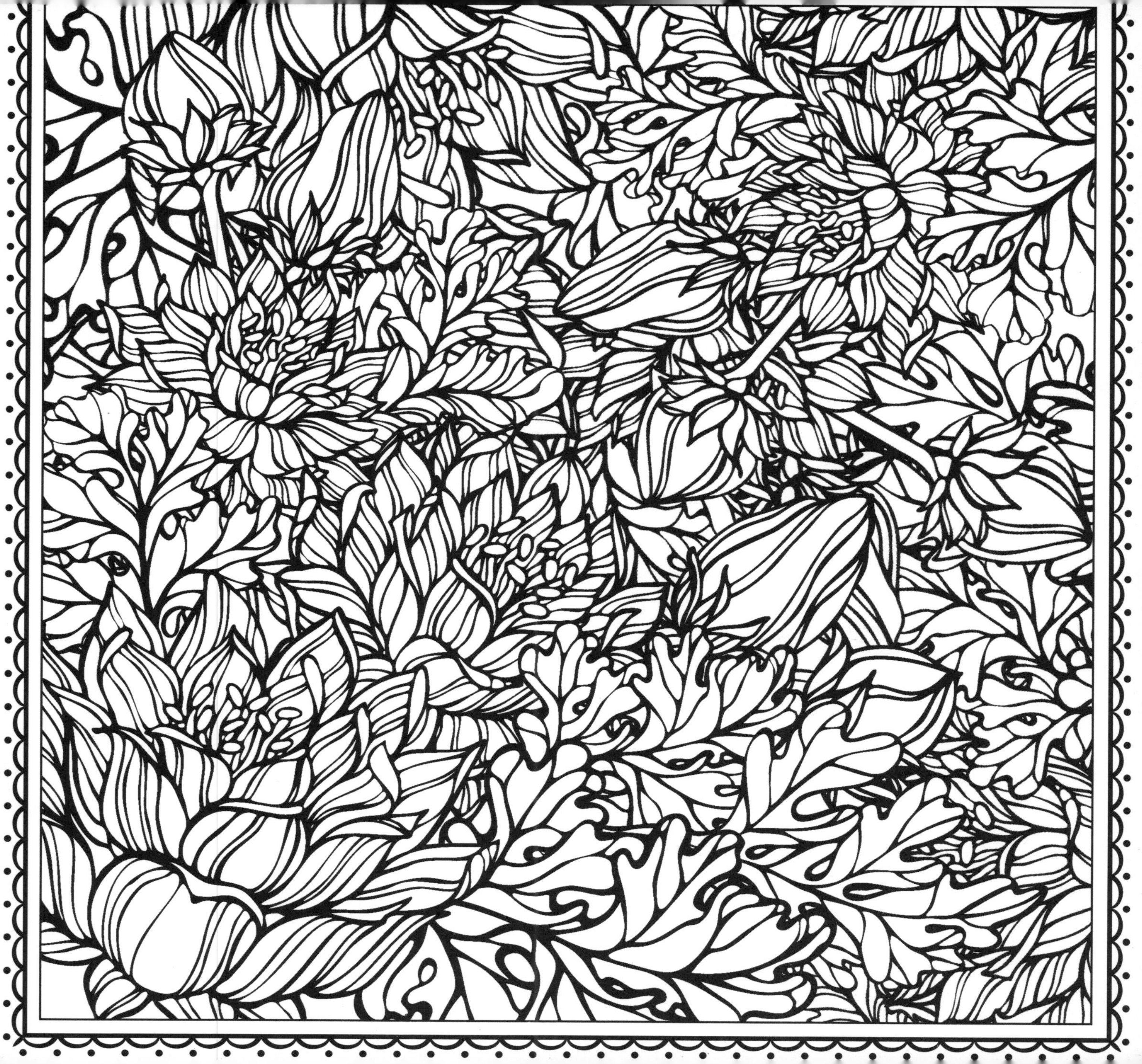

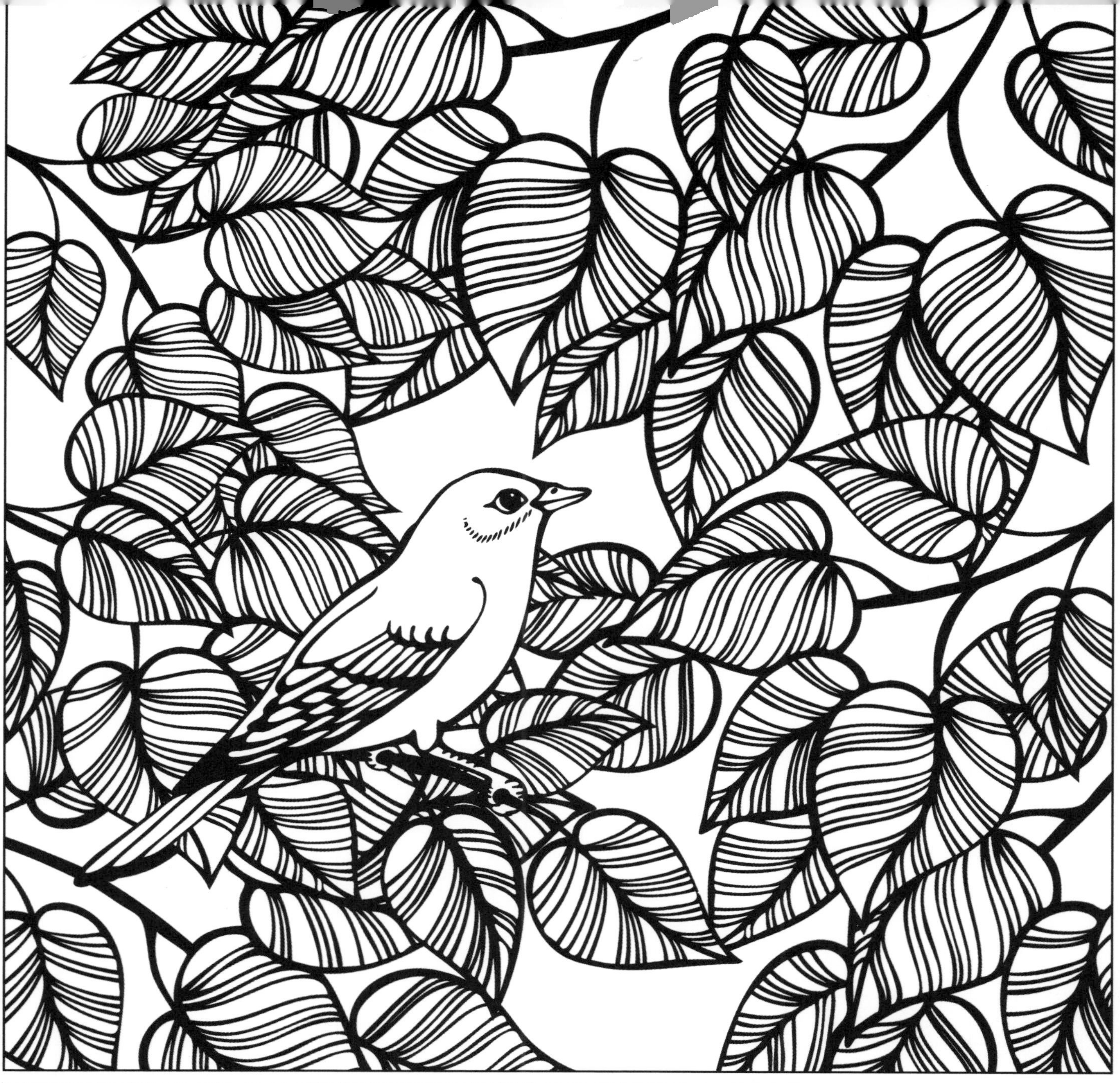

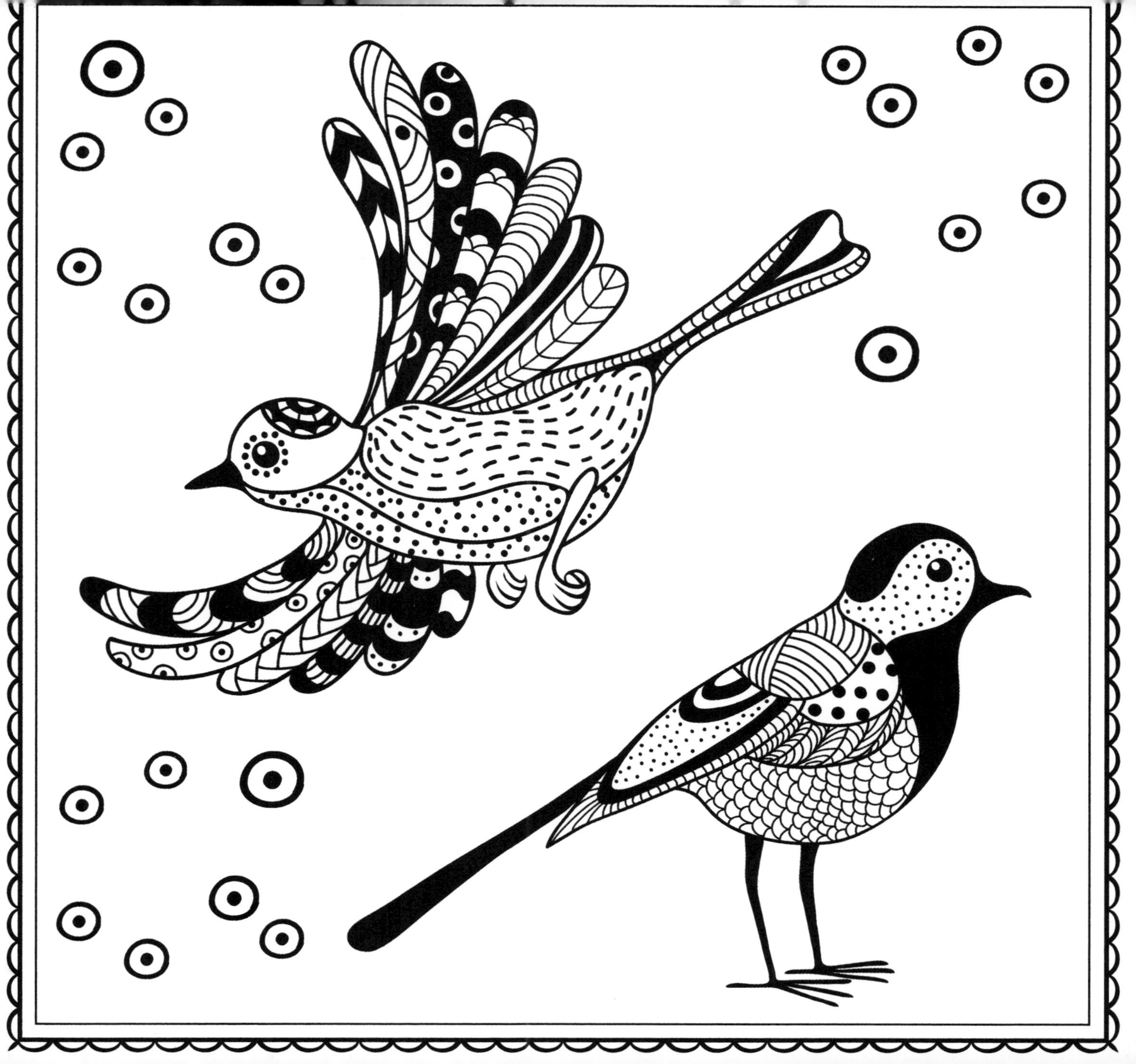

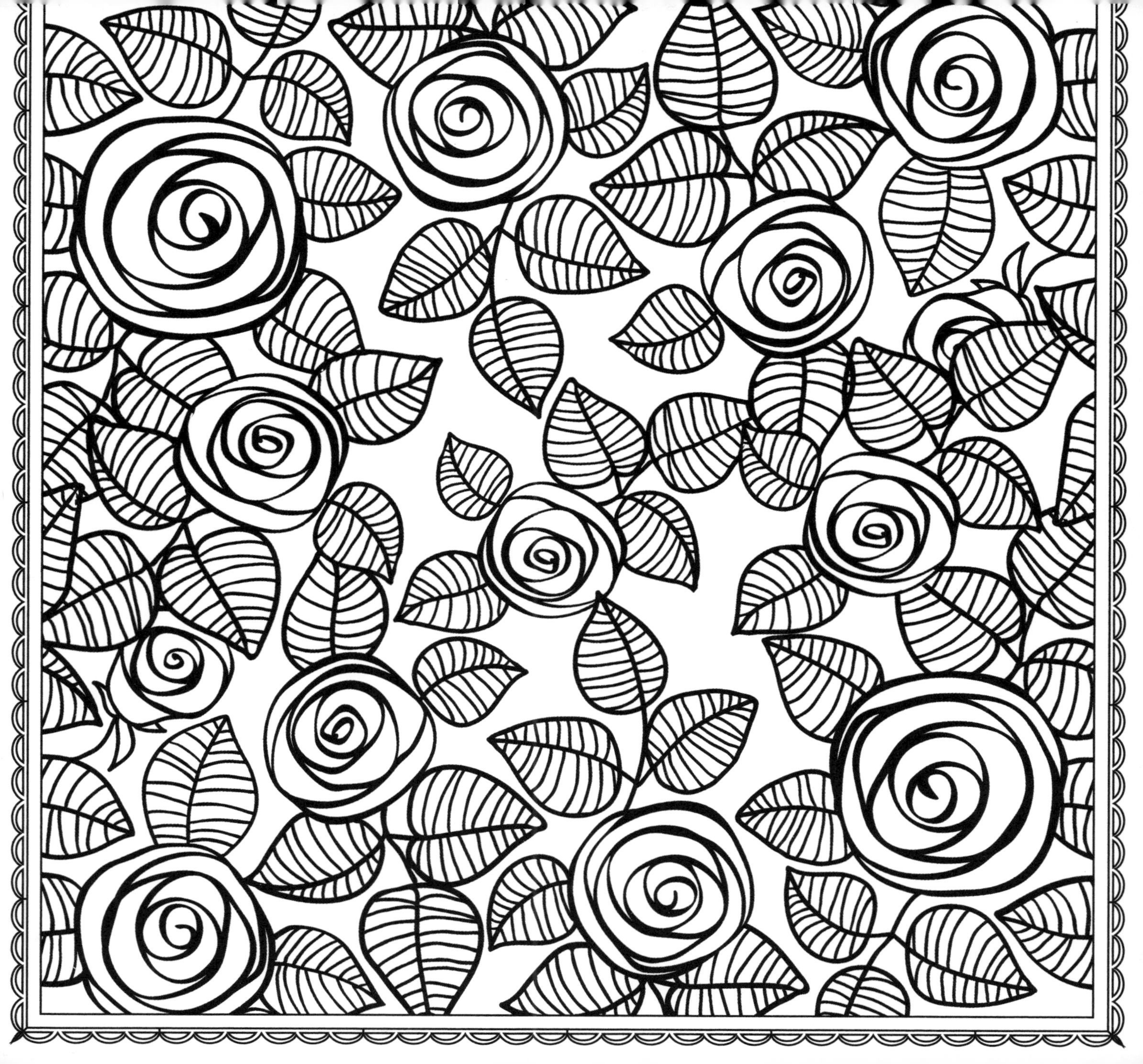

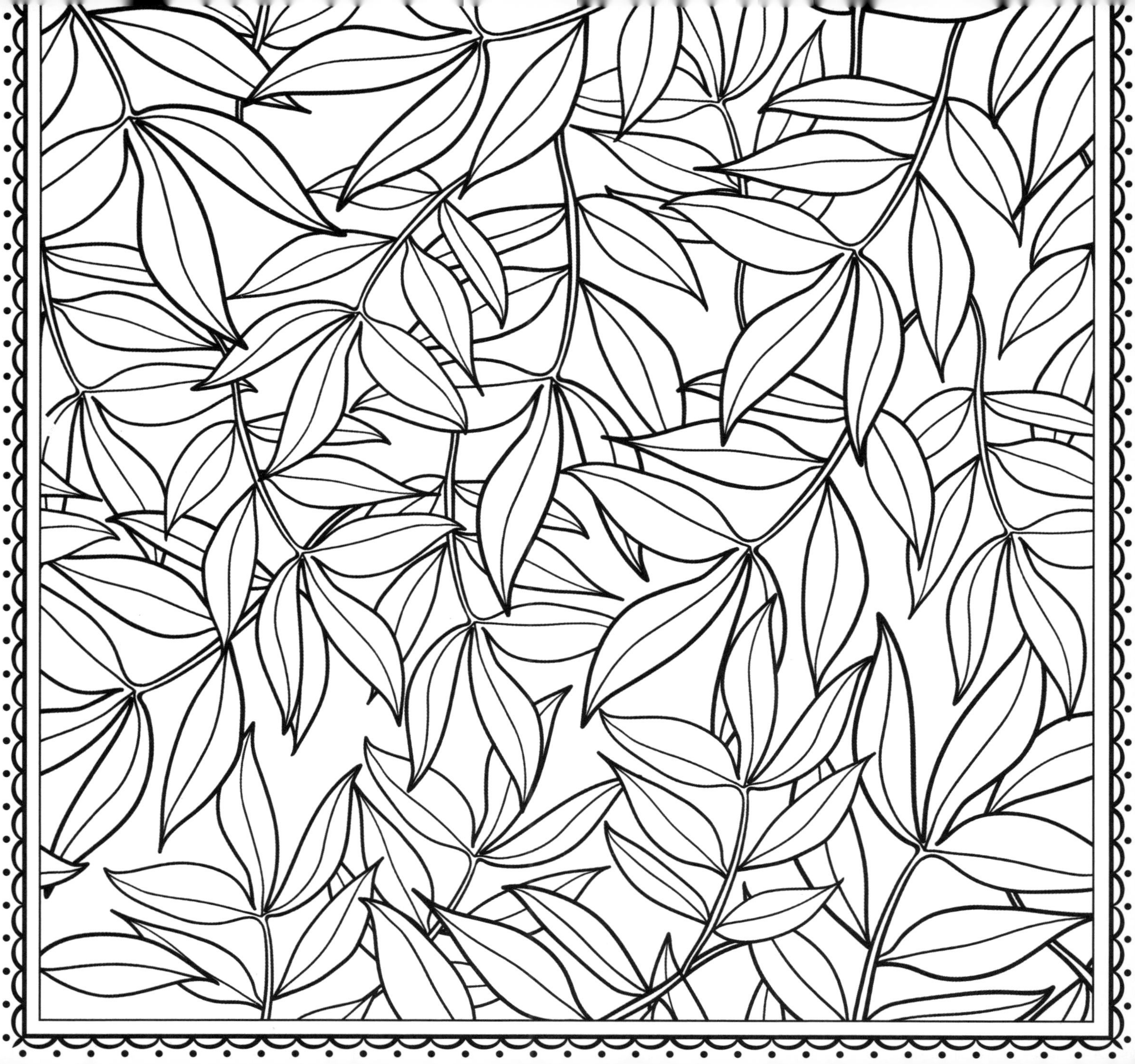

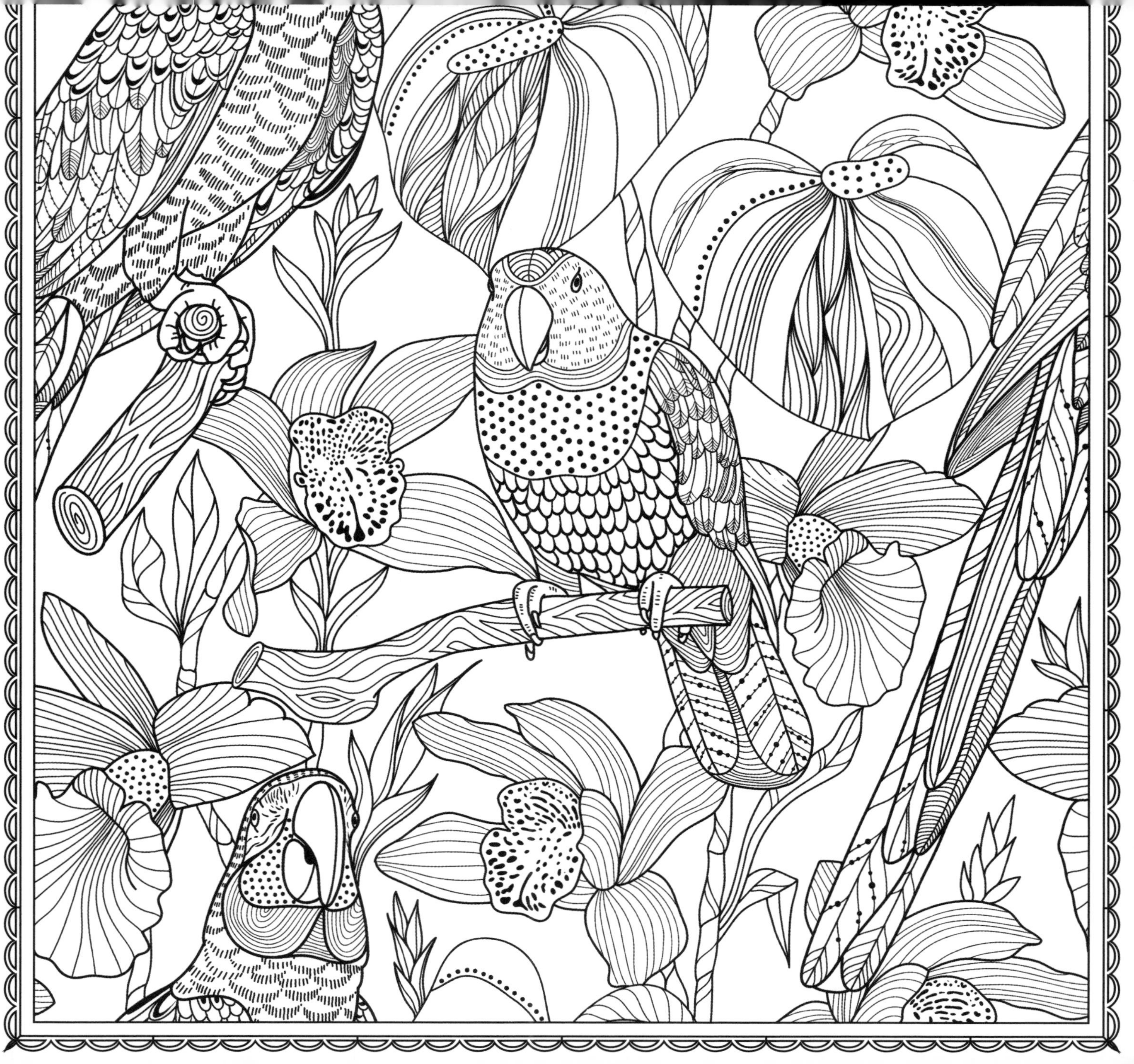

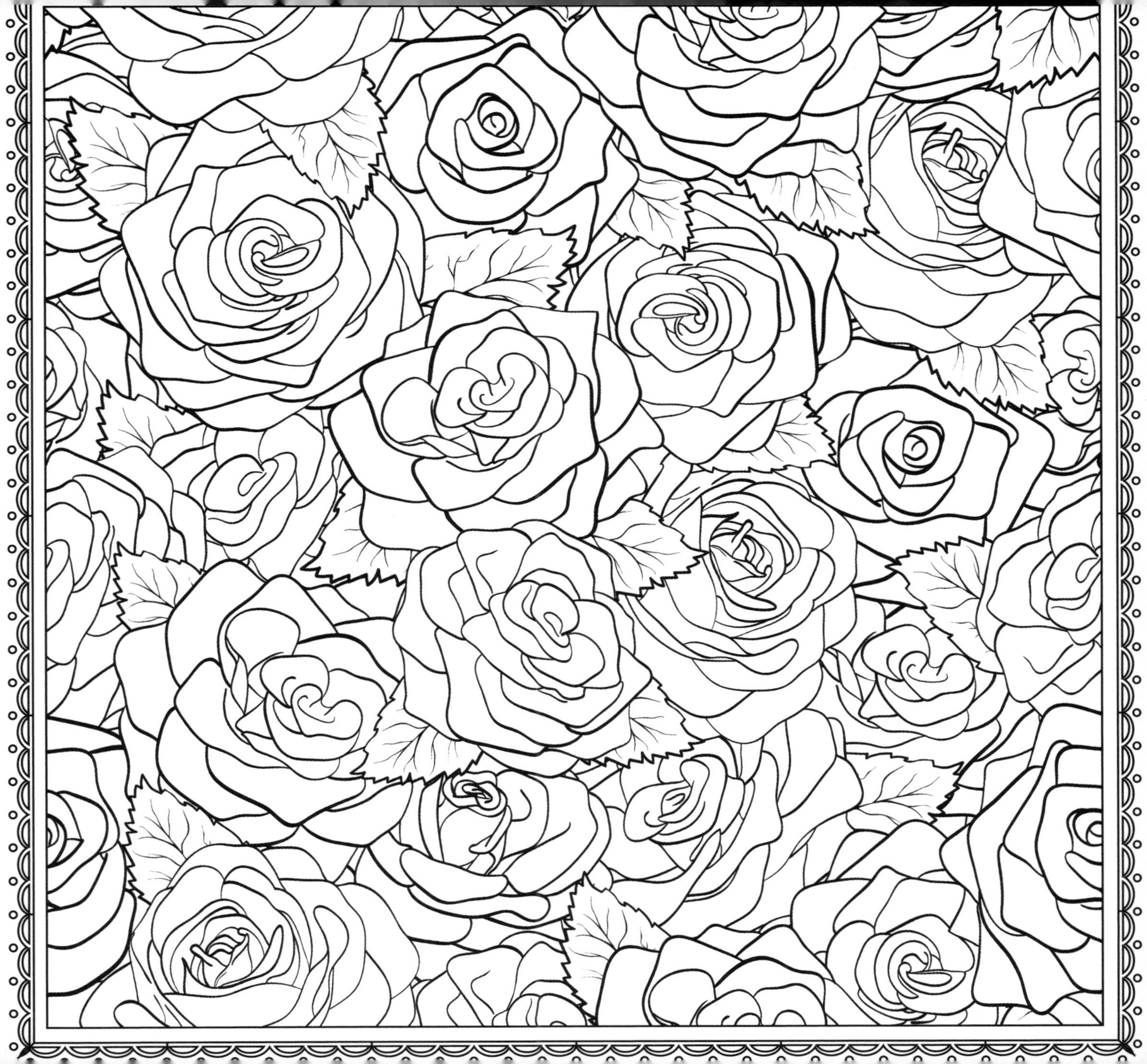

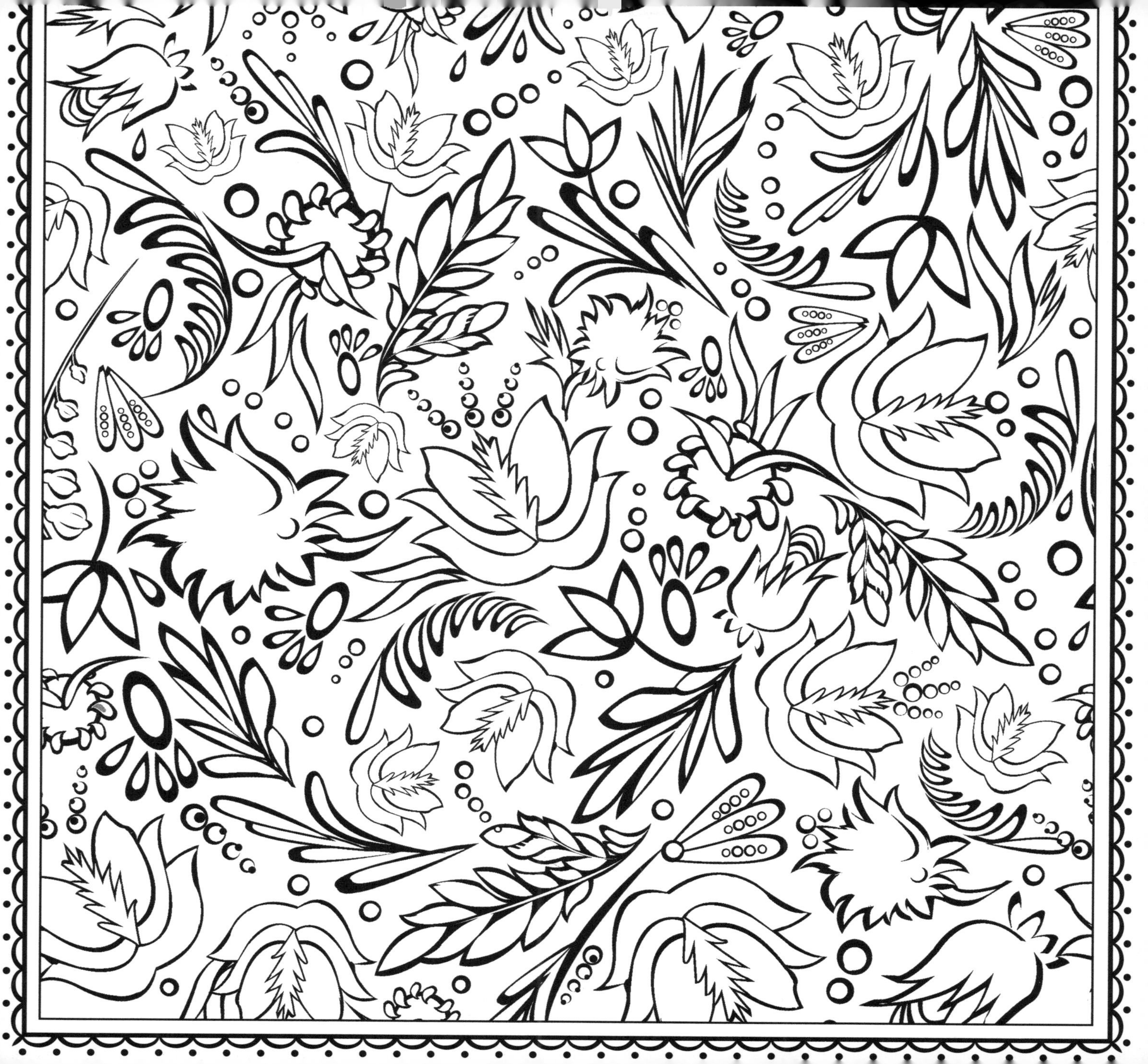

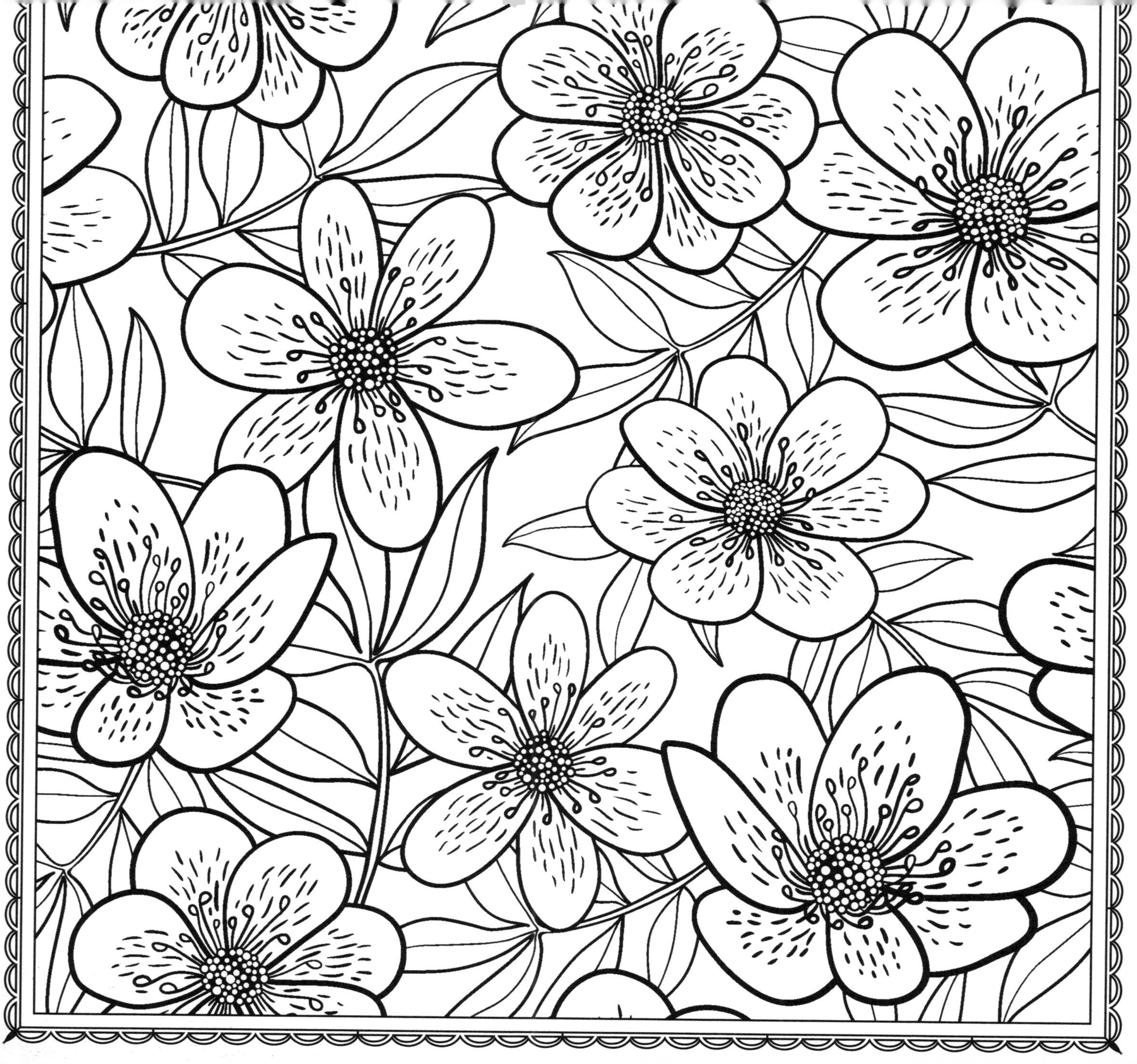

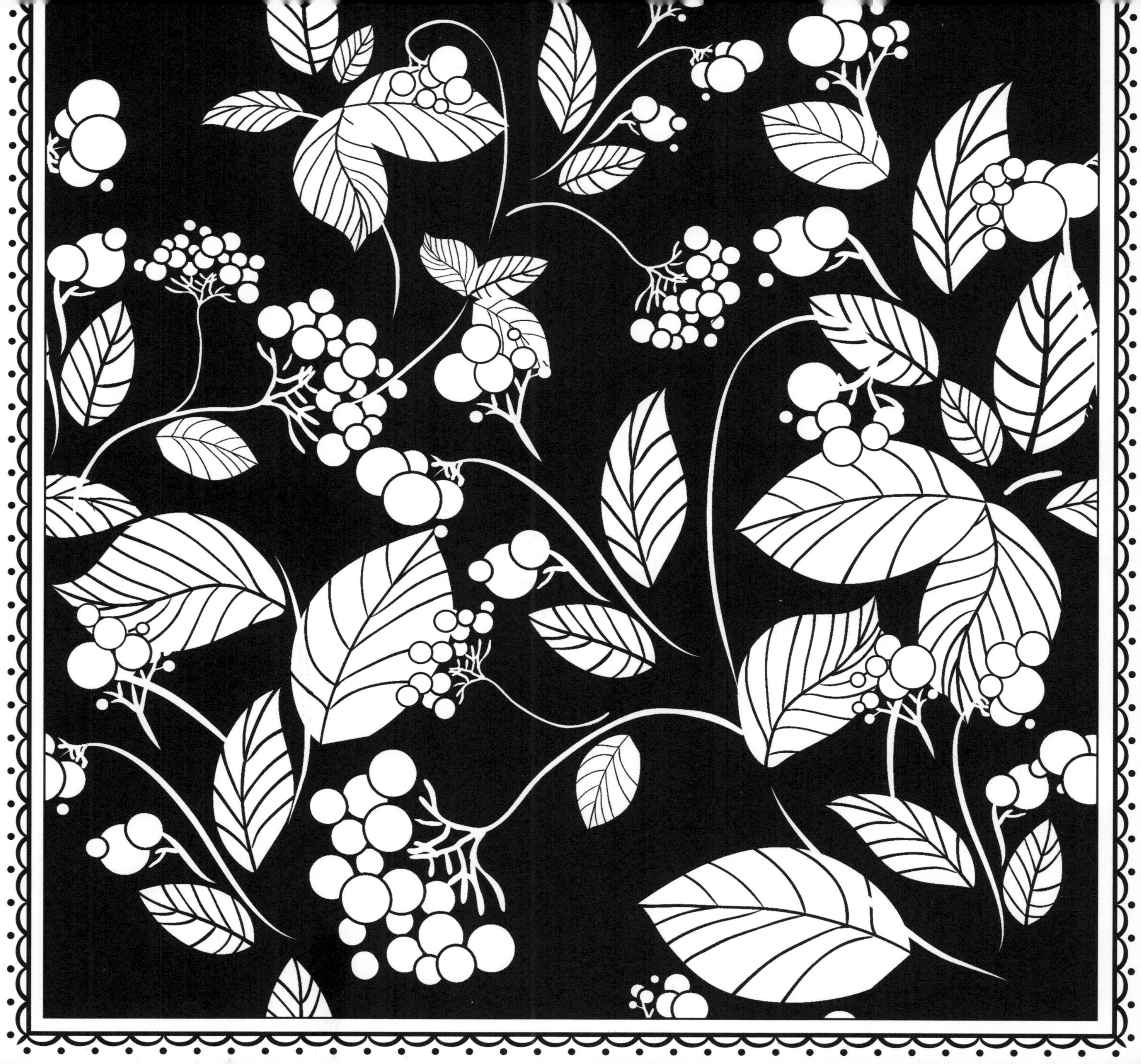

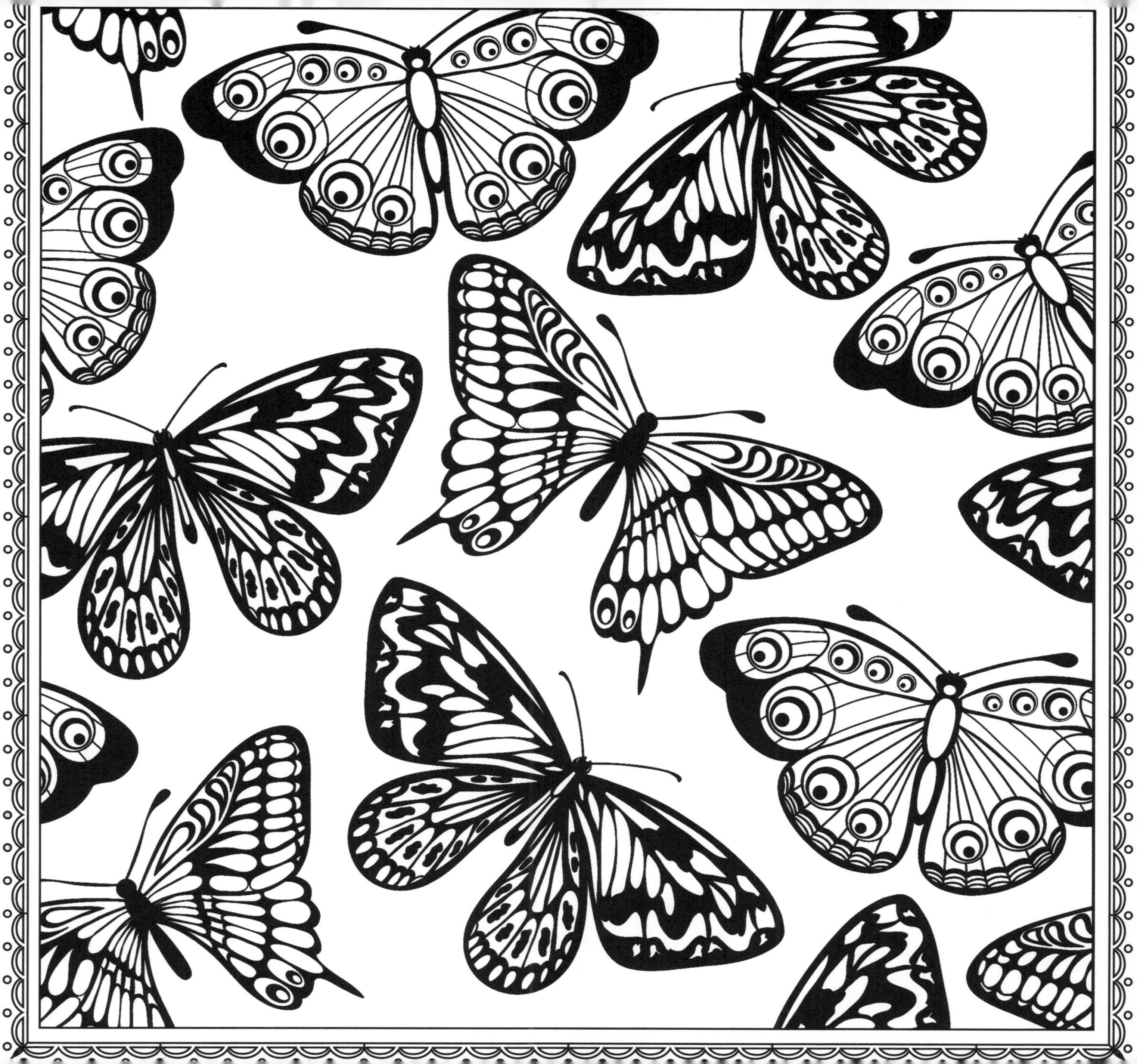

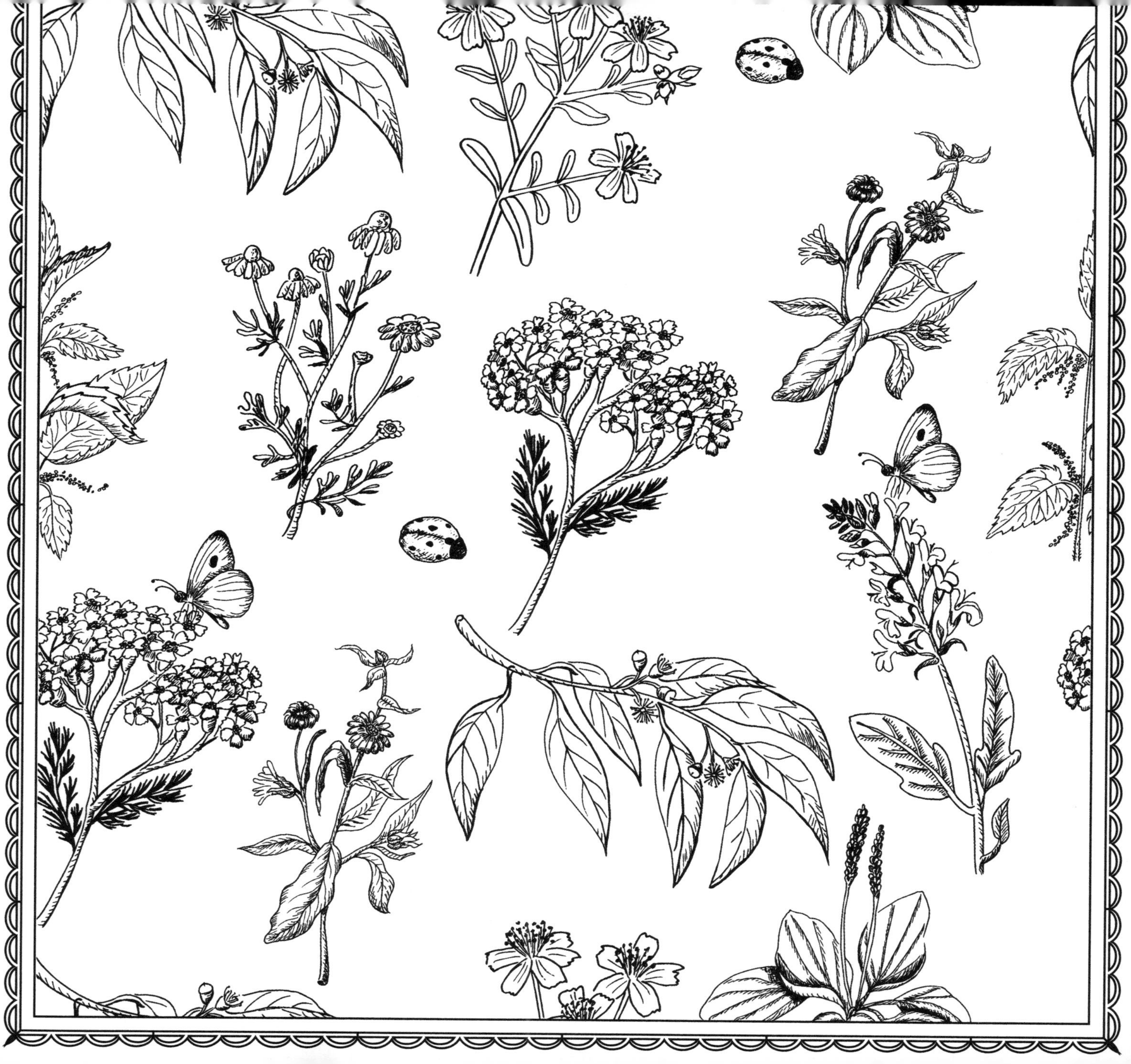

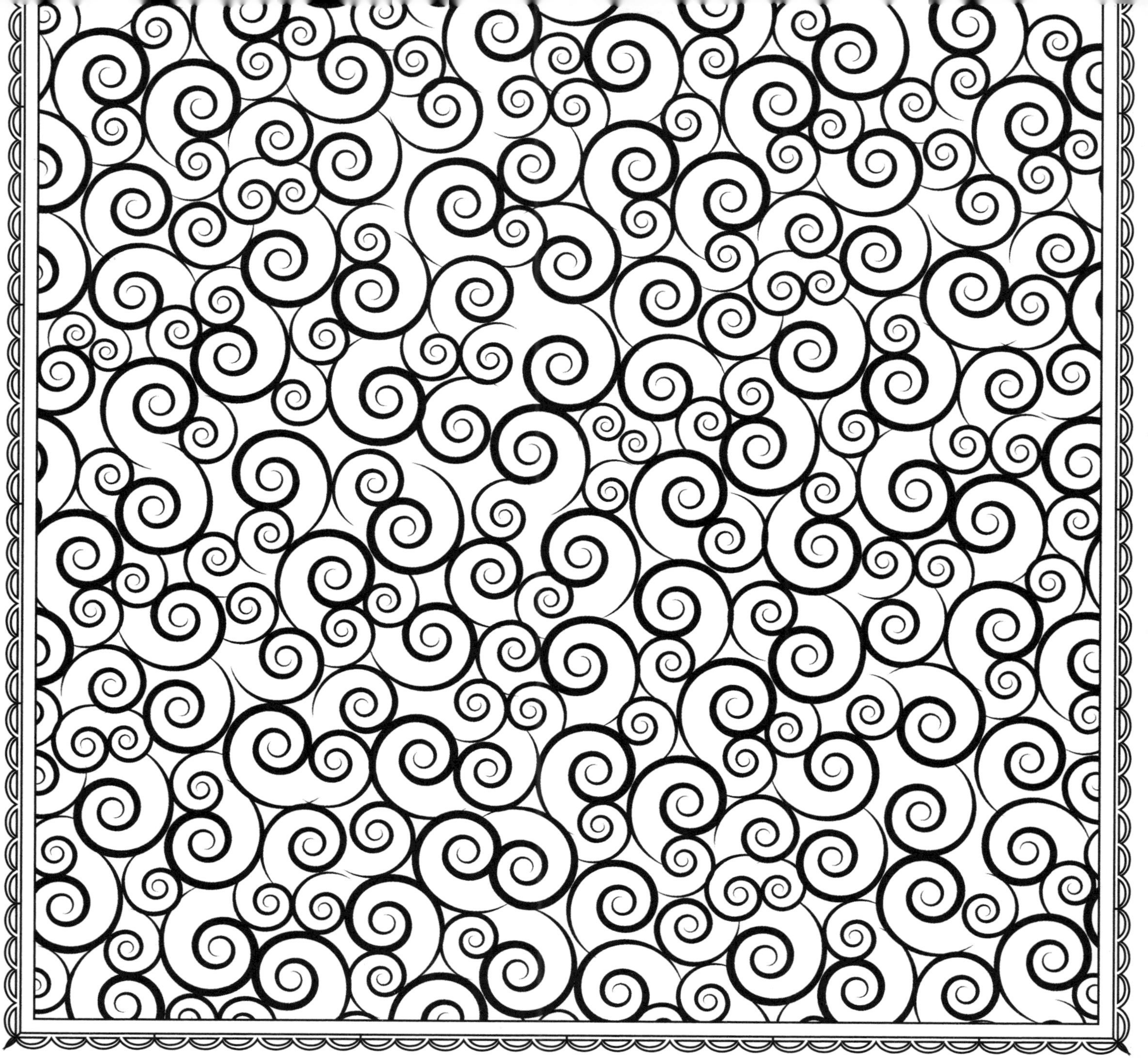

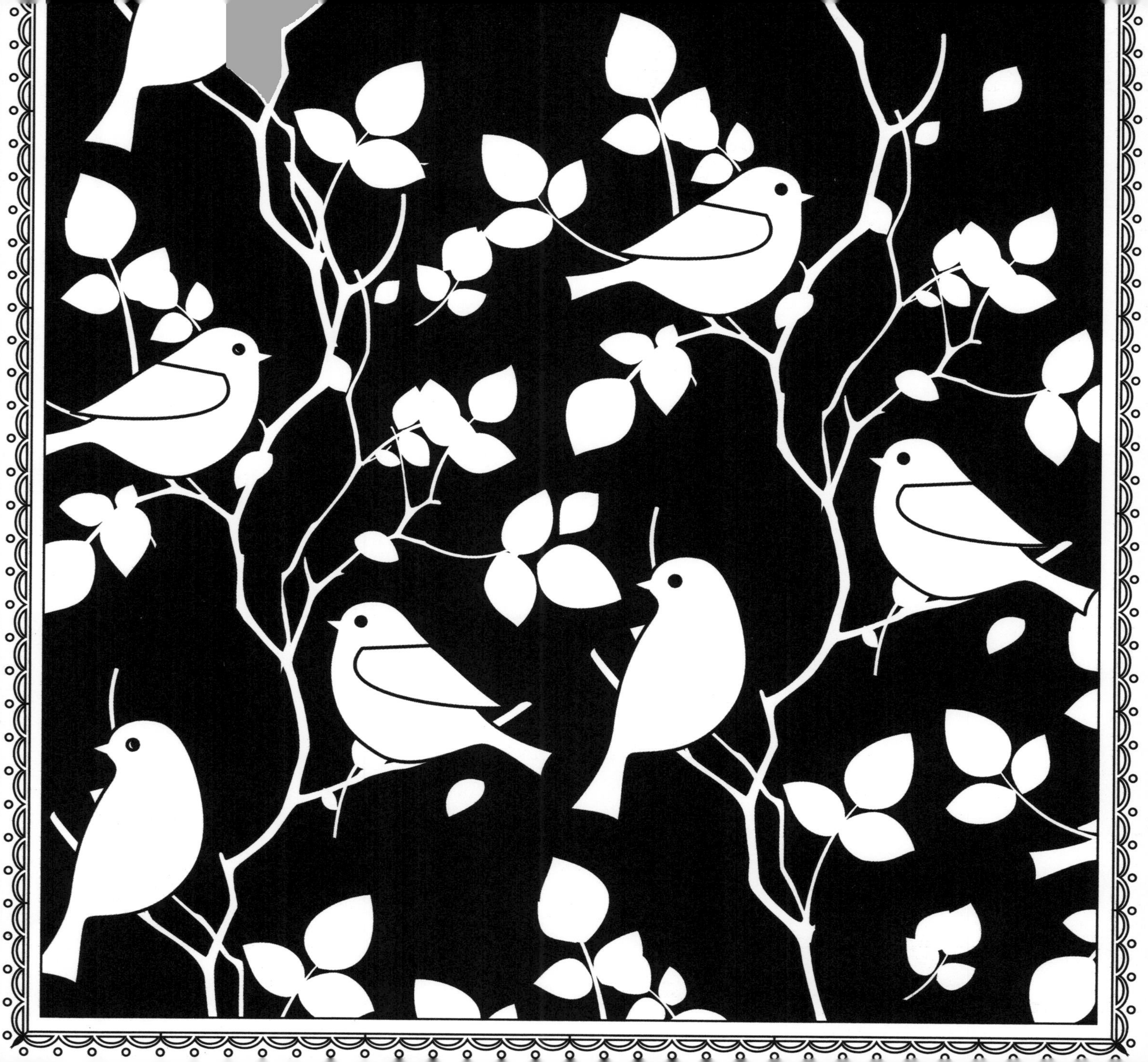

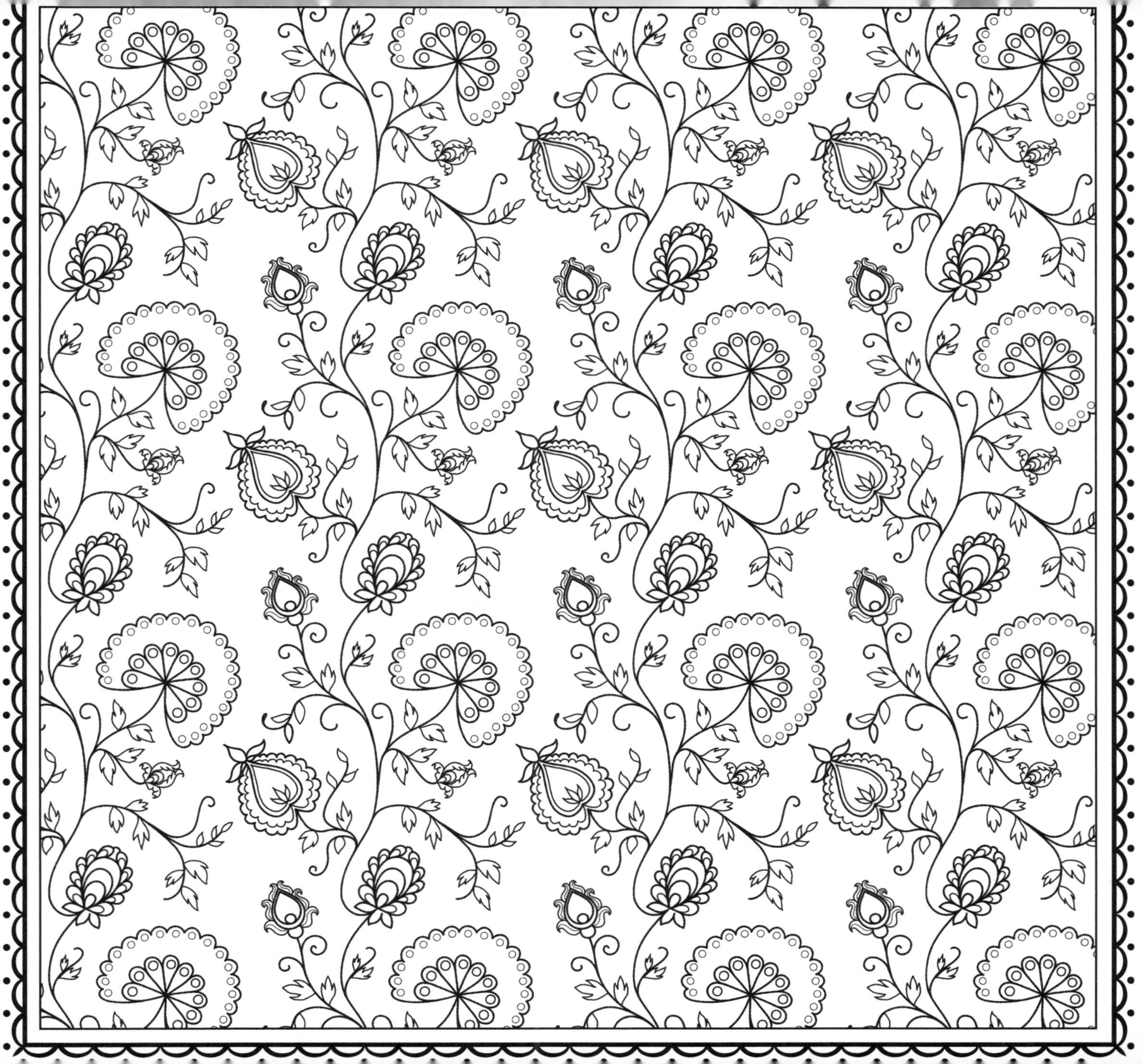

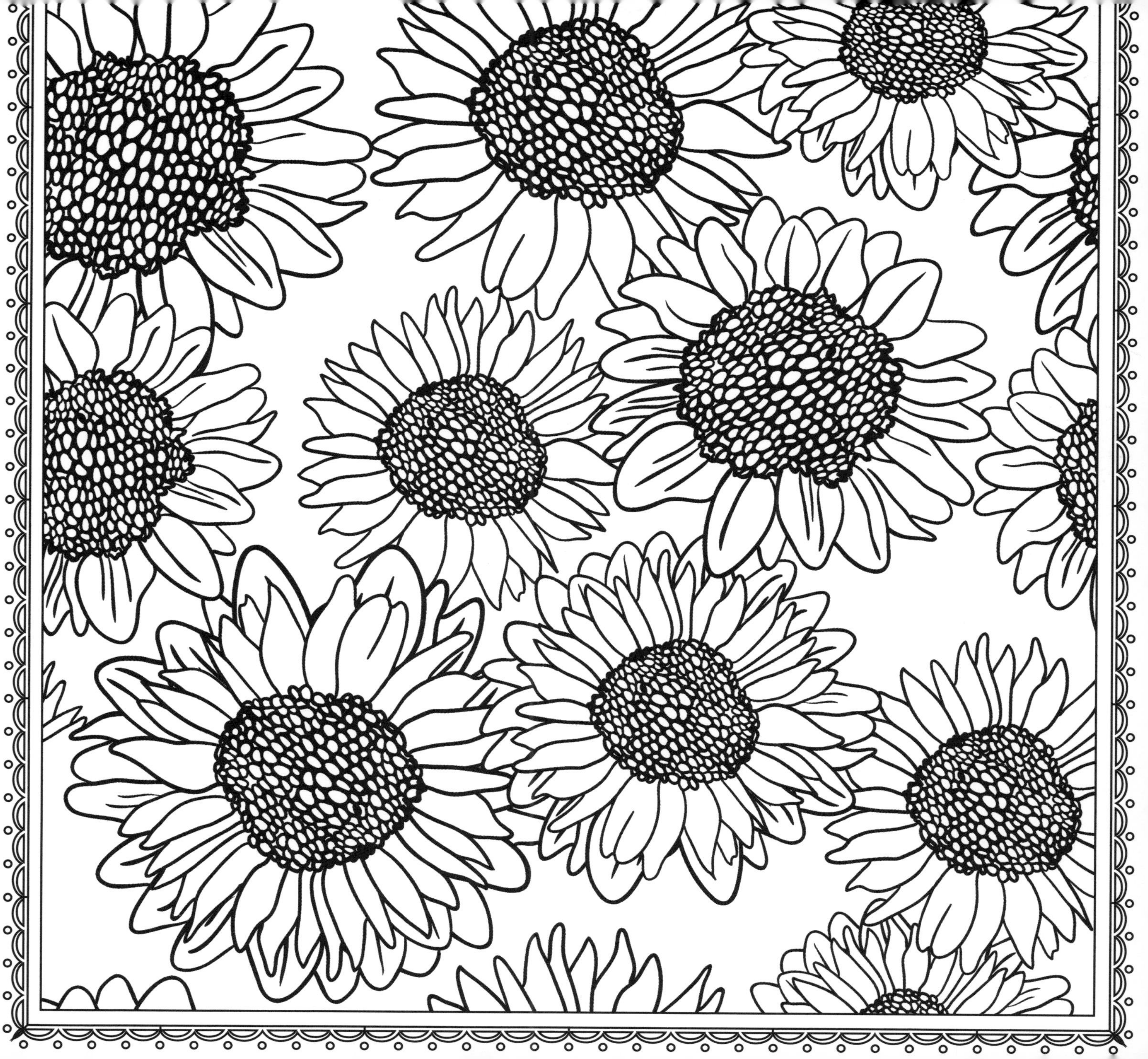

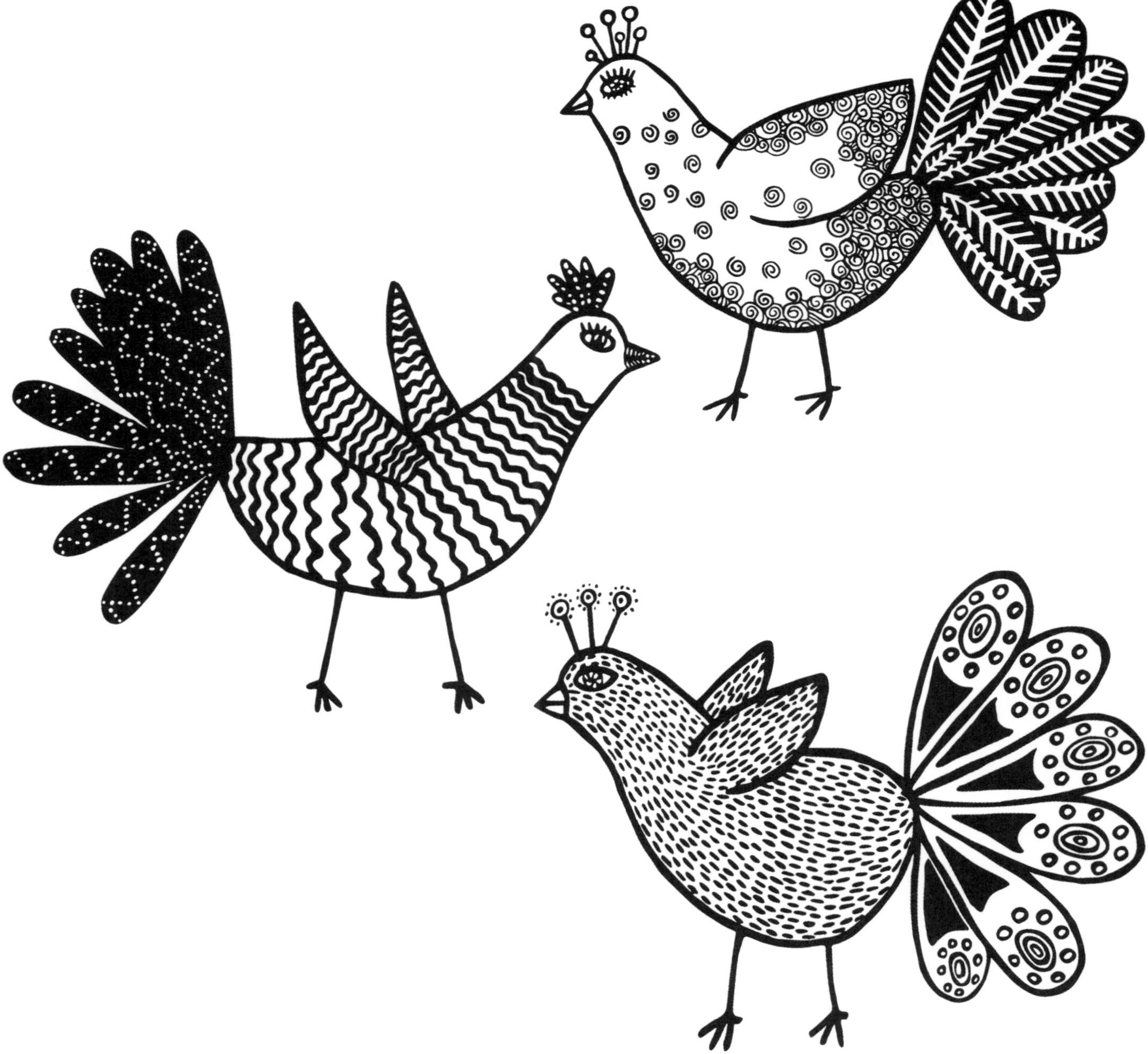

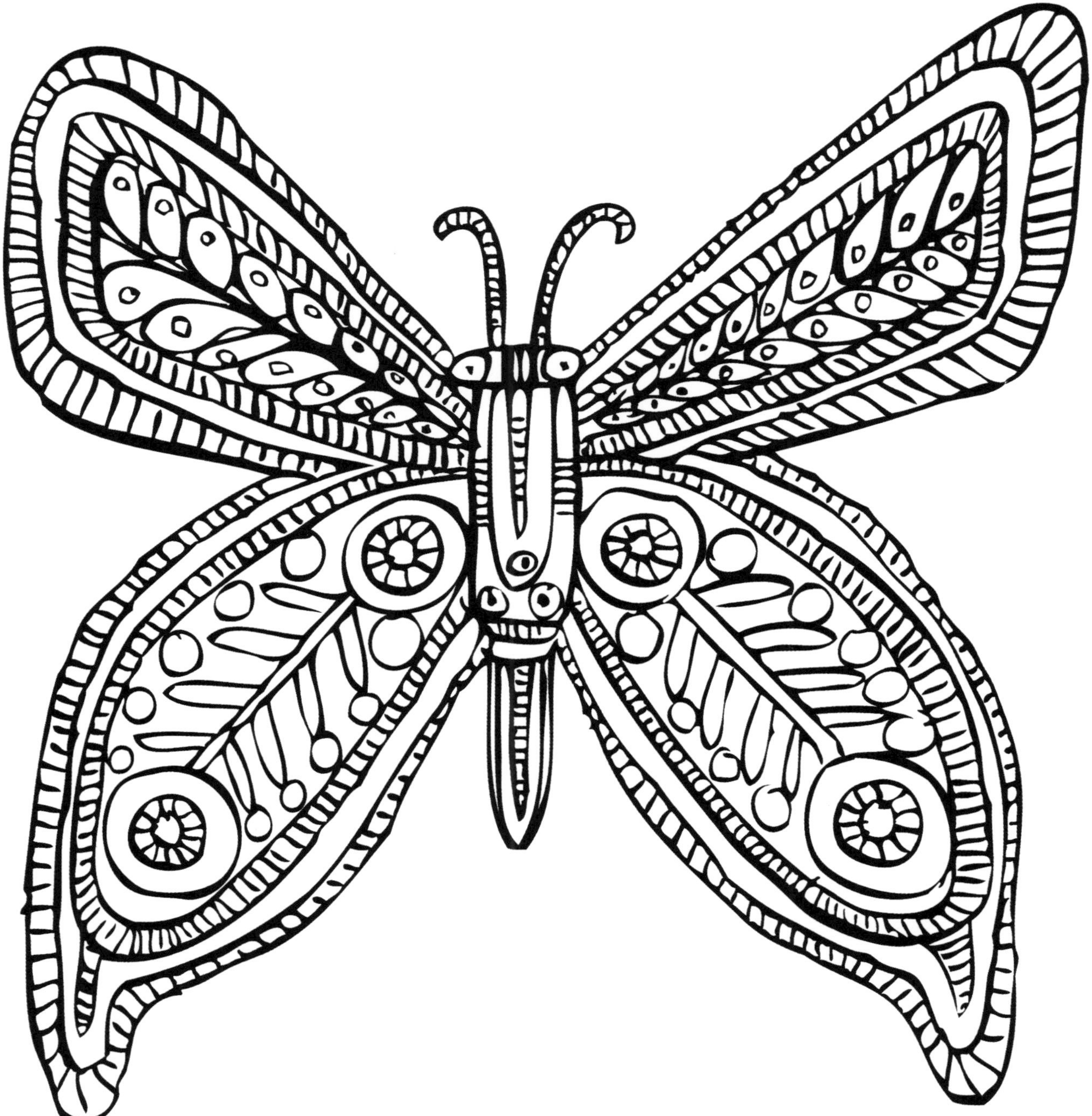

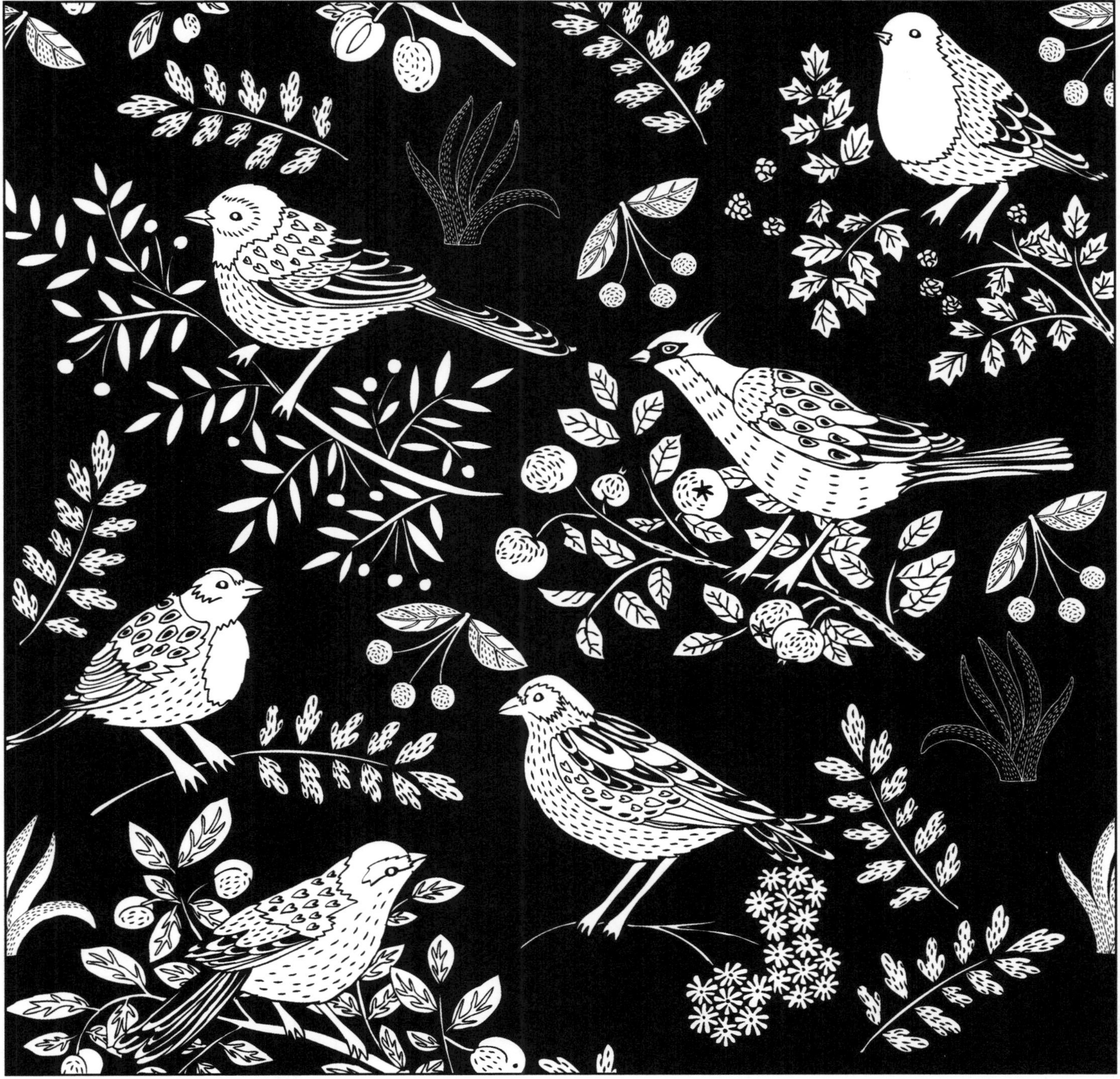

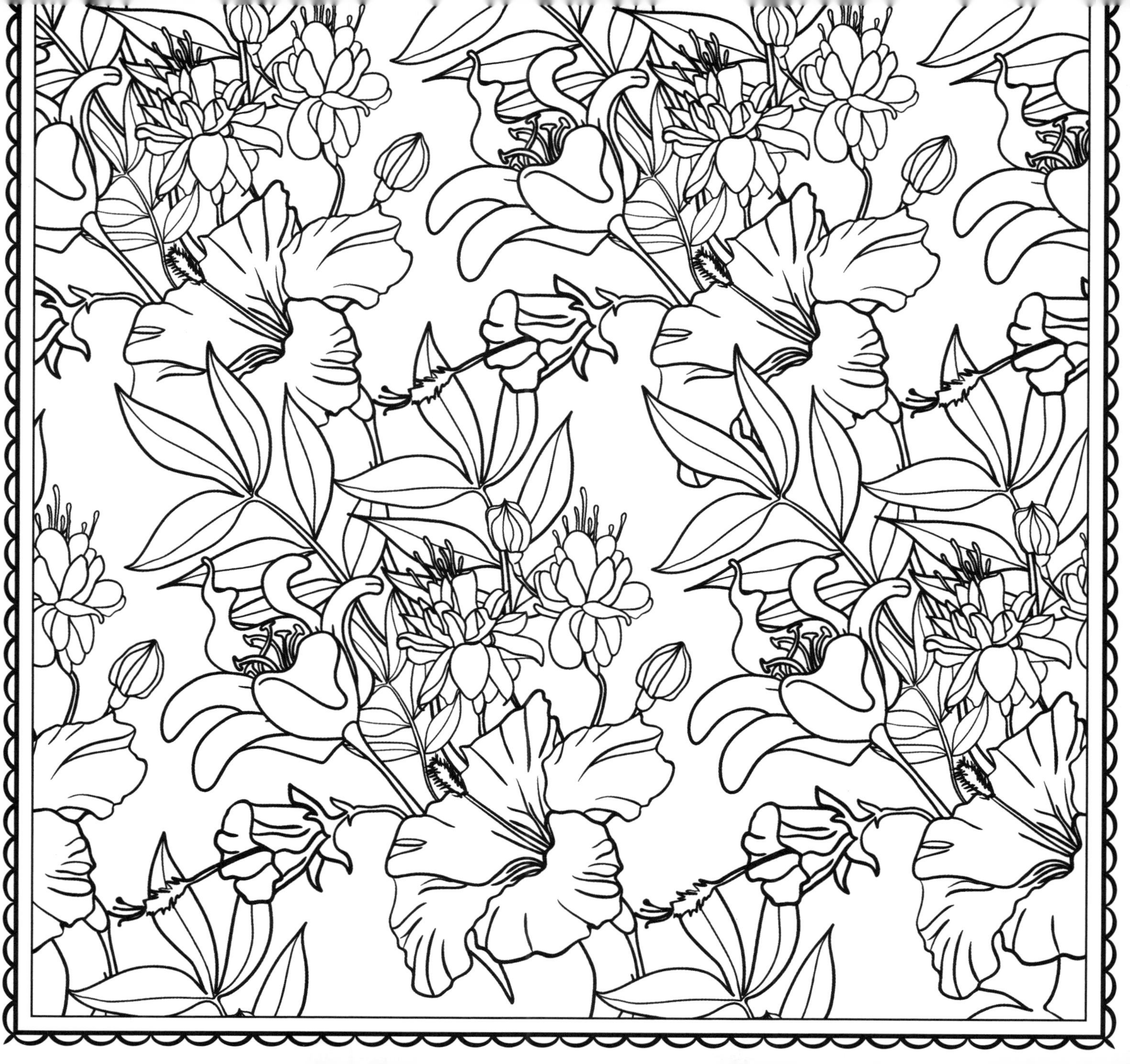

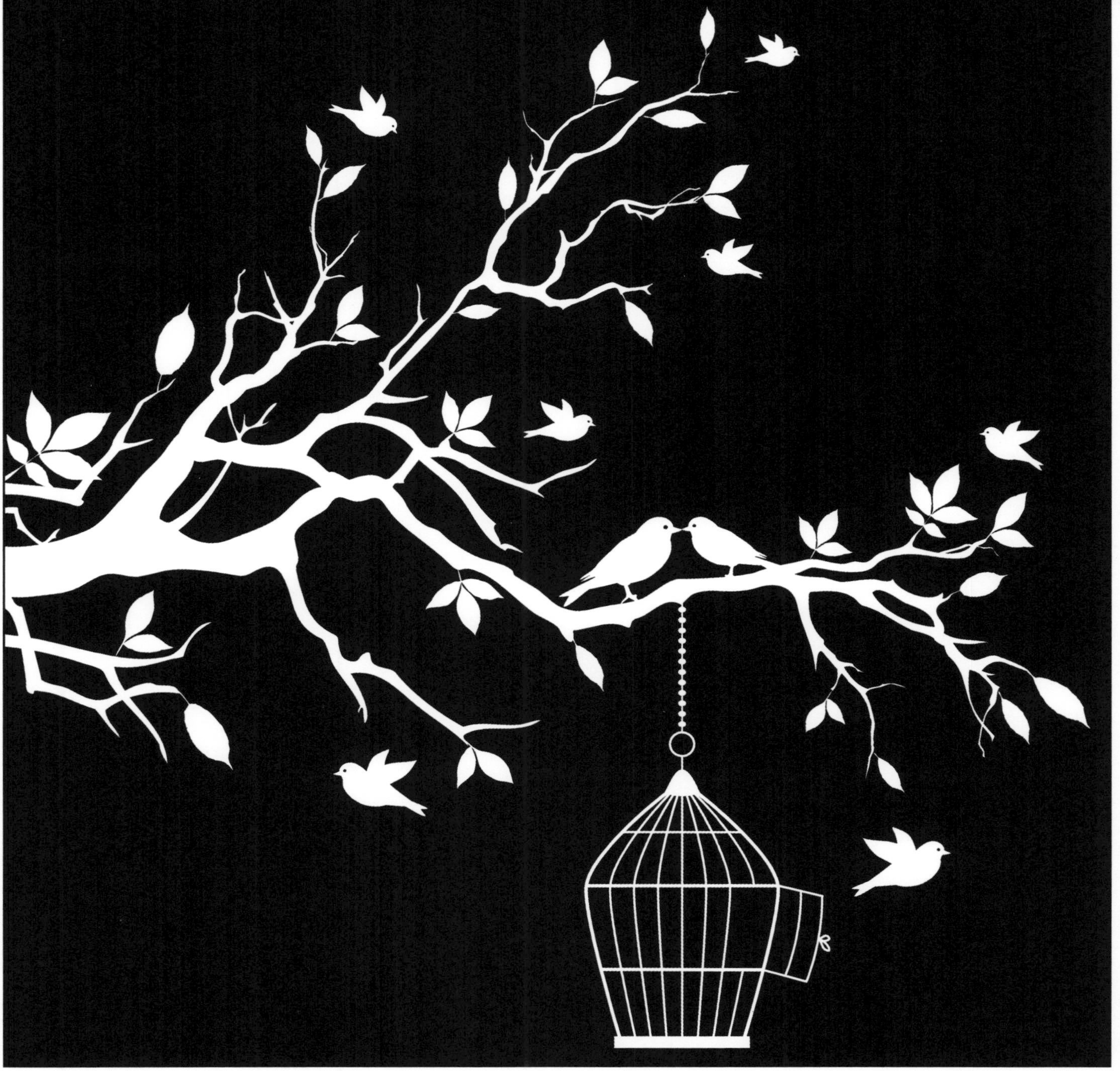

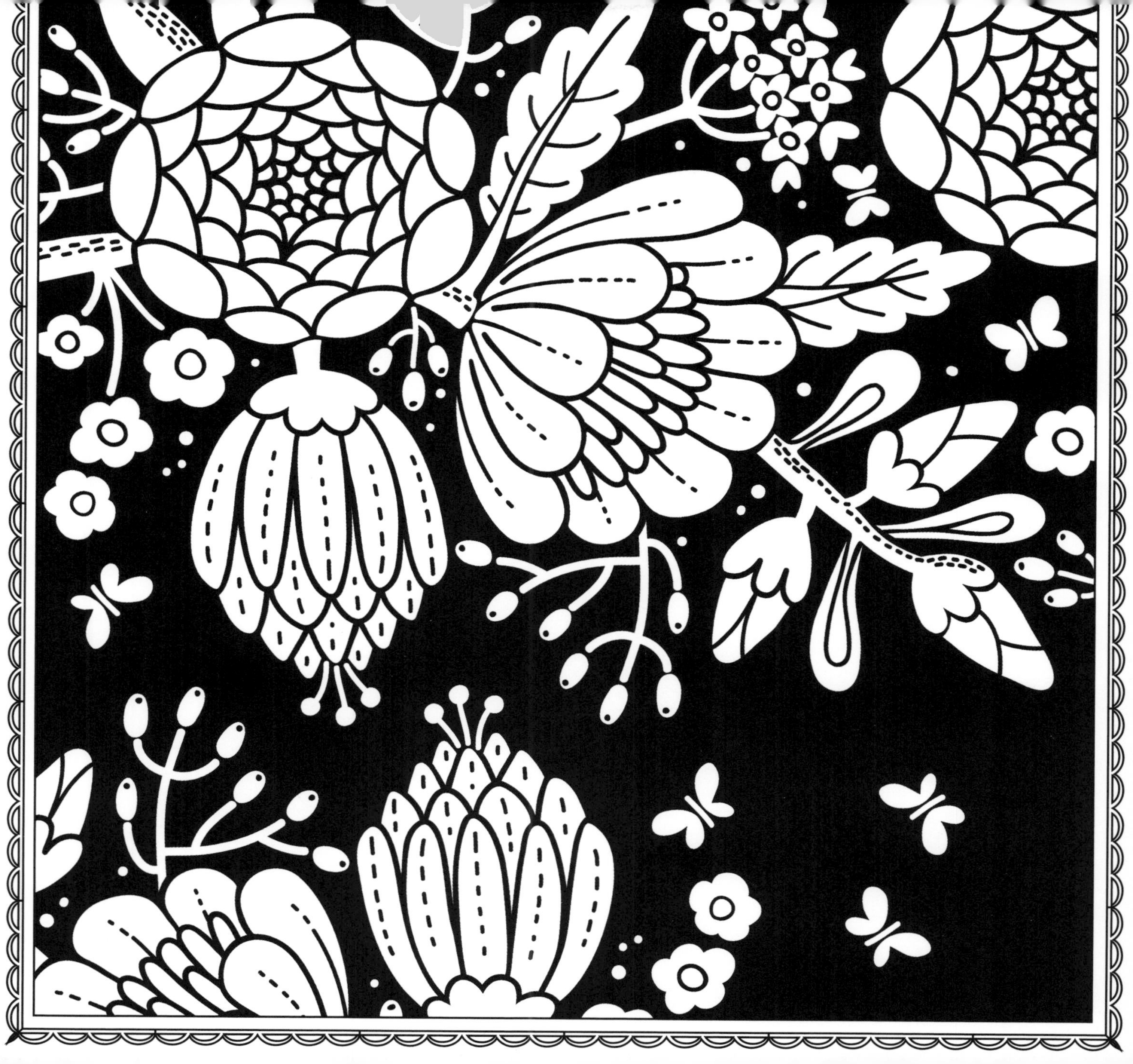